영웅

영웅

뮤지컬 대본집

한아름 대본 · 가사

문학수첩

일러두기

1. 한아름 작가의 대본 집필 방식을 최대한 따랐습니다.

2. 대사는 글말이 아닌 입말임을 감안해, 맞춤법에 어긋난 표현이라 해도 입말 표현을 최대한 살렸습니다. 그 외의 지문은 맞춤법을 따랐습니다.

3. 물음표, 마침표, 쉼표 등 문장 기호의 표기는 작가의 의도를 따랐습니다.

스탭

제작 · 기획	ACOM
프로듀서	윤홍선
예술감독	윤호진
연출	윤금정
작곡	오상준
음악감독	김문정
안무	이란영

스치듯 짧은 시간, 진짜 삶을 살다. 안중근!

대한제국의 주권이 일본에게 완전히 빼앗길 위기에 놓인 1909년.

갓 서른 살의 조선 청년 안중근은 러시아 연해주의 자작나무 숲에서 동지들과 단지斷指 동맹을 맺고 독립운동의 결의를 다진다.

한성의 경복궁 명성황후 시해 당시 어린 궁녀로서 그 참상을 목격해야 했던 설희는 김 내관에게 독립운동에 투신할 뜻을 밝힌다.

황실의 비밀정보조직, 제국익문사[1]를 비밀리에 이끌고 있는 김 내관은 안중근을 비롯한 제국익문사 요원들에게 설희를 소개시킨다. 이렇게 해서 설희는 일본으로, 안중근은 다시 러시아로 먼 길을 떠난다.

러시아의 블라디보스토크 독립군들의 비밀 아지트인 왕웨이의 식당에 모인 독립군들과 그들의 친구이자 후원자인 중국인 왕웨이와 그의 여동생 링링 역시 안중근을 반긴다.

---

1 제국익문사(帝國益聞社): 1902년 6월, 고종황제가 일본의 동향을 살피기 위해 만든 기관으로 우리나라 정보기관의 효시이다. 실제로 제국익문사는 1909년 당시 해체되어 있었던 것으로 보이지만, 뮤지컬 《영웅》 속에서는 조직의 일부가 남아 지하에서 활동하고 있었고 안중근의 거사도 그 일환으로 일어났다는 픽션하에 이야기가 전개된다.

그러나 안중근의 뒤를 쫓는 일본 형사 와다와 그 부하들로 인해 그들의 따뜻하고 행복한 시간은 그리 오래가지 못한다.

한편 일본 도쿄로 건너가 게이샤가 된 설희는 마침내 조선 초대통감 직을 마치고 도쿄로 돌아와 있는 이토 히로부미의 눈에 들게 된다.

추밀원 의장으로서 일본 정계의 막후에서 큰 영향력을 발휘하고 있는 이토 히로부미.

외무대신은 그런 이토에게 만주 하얼빈으로 가 러시아의 외무장관과 회담을 벌일 것을 청한다.

대륙 진출의 오랜 꿈을 이루기 위해 노쇠한 몸을 이끌고 만주로 떠나는 이토. 그의 곁에는 '나미다'라는 이름의 게이샤, 설희가 있다.

이토의 만주행을 들은 안중근은 그를 암살하는 것만이 조선독립의 길임을 다짐하고 동지들과 거사를 준비한다.

그렇게 준비된 브라우닝 권총. 일곱 발의 총알을 장전 후 하얼빈역으로 대한독립의 의지를 다잡으며 먼 길을 떠나는데..

그리고, 울려 퍼지는 일곱 발의 총성..

제2막

제
1
막

1장

1909년 2월
: 러시아 연추

M1. 〈단지동맹(정천동맹)〉 – 안중근, 단지동맹 11인

M1. 〈단지동맹〉 전주와 함께 독립군들이 한 명씩 천천히 안개 낀 자작나무 숲으로 모여든다. 그들 사이에서 안중근, 천천히 걸어 나온다.

안중근   조국의 하늘 아래서 살아갈 그날을 위해, 수많은 동지들
       이 타국의 태양 아래서 싸우다 자작나무 숲으로 사라졌
       습니다.
       그들의 간절했던 염원이 하늘을 감동시킬 수 있도록,
       뜨거운 조국애와 간절함을 담아 저, 안중근…
       이 한 손가락 조국에 바치겠습니다.

안중근

울창한 자작나무 숲

망국의 땅

모두

우리는 모였다

간절히 기도하는 마음으로

뜨거운 심장으로

안중근

나 이 순간 맹세하나니

비록 조그마한 일이나

이것은 결의의 시작이니

뜨거운 피로써 싸우리라

모두

우-

안중근이 먼저 손가락을 자르고 태극기를 꺼내 보여주자 청년들 한 걸음씩 모여든다.

모두 그렇게 앉아 단지를 하고 모인 혈서로 태극기 위에 大韓獨立(대한독립)을 쓴다.

혈서로 완성된 태극기 바람에 휘날리고, 다 함께 결의를 노래한다.

모두

나 오늘, 이 순간 맹세하나니

내 조국 위하는 우리의 열정

우리 여기 모여

함께 나눈 순간

결코 저버리지 않으리

대지로 내리는 이 햇살처럼

나무를 흔드는 이 바람처럼

너와 나의 약속

우리 가슴속에

영원토록 기억되리

우리의 함성이 잠자는 숲을 깨우듯

어두운 이 세상 깨우리

잊지 말자 오늘

젊은 독립군들의 각오를 응원하듯 따뜻한 아침 햇살이 자작나무 숲 가득히 비추면서 암전.

2장

샤미센 선율이 흐르면, 일본의 신식 제국 호텔 피로연장.

이토와 외무대신 고무라가 고위 관료들과 함께 게이샤들의 춤을 즐기며 술 한잔을 걸치고 있다. 게이샤들의 기모노는 봄날인 듯 화사한 색으로 무대 위에 일렁인다. 그녀들의 몸동작은 고혹적이다. 이토는 여유로운 모습으로 이 시간을 즐기며 관료들과 이야기를 나누고 있다.

M2-a. 〈게이샤〉 – 게이샤들

게이샤들
슬픈 사연은 웃음으로 감추고
서글픈 사연 노래로 감추고
사내와 계집이 나누는 정이 정녕 무엇인가

떠나는 정인가 기다리는 정인가

무엇이 그리 아련하게 하는가
그리운 정인가 그리울 정인가
그 몹쓸 정 때문에

잊자 잊고 춤을 추자
슬픈 사연은 웃음으로 감추고
서럽도록 고운 사연 노래로 감추고

슬픈 사연은 웃음으로 감추고
서글픈 사연 노래로 감추고
철없던 첫사랑 사내들은 잊자
잊고 춤을 추자
참 몹쓸 정이로세

이토	(맛을 음미하듯 가사를 음미하며) 그새 무슨 정이 그리 많이 들었는지...
외무대신	그게 무슨 말씀이신지...
이토	내게 조선은 철없던 내 마지막 젊음을 다 바친 첫사랑 계집이네. 함께 있어 좋을 땐 철이 없었고, 떠나고 보니 아쉽지만 되돌릴 수 없는... 내게 조선이 그런 첫사랑 같다 그 말이지. (회한 가득 담은 헛웃음 소리)

게이샤들

잊자 잊고 춤을 추자

슬픈 사연은 웃음으로 감추고

서럽도록 고운 사연 노래로 감추고

슬픈 사연은 웃음으로 감추고

서글픈 사연 노래로 감추고

철없던 첫사랑 사내들은 잊자

잊고 춤을 추자

참 몹쓸 정이로세

이토	브라보!
다같이	브라보!

이토의 기분이 좋아 보이자 외무대신이 주인 게이샤에게 손짓을 한다.
주인 게이샤가 서둘러 고려청자를 가져와 이토 앞에 보여준다.

외무대신   각하, 고려청자입니다.

M2-b. 〈조선은 보물창고〉 – 외무대신 / 관료들 / 게이샤들

이토   (감탄하며) 고려청자. 아, 이걸 가만히 들여다보고 있자
니...
조선에 와있는 듯 내 마음이 조금 편안해지는군.

외무대신　　　각하에 대한 제 정성입니다.
　　　　　　　(자랑하듯) 귀한 물건이라 어렵게 구했습니다.

외무대신

조선 팔도를 뒤져서 찾아냈죠
집집마다 문 두드려 간신히 찾아왔죠
조선은 온 천지 귀한 보물이 가득하죠
찾는 재미죠 가져오는 재미죠

모두

조선. 보물 창고
절은 나눠서 무덤들은 파헤쳐
궁궐들은 작게 쪼개서 무조건 가져야죠

외무대신

어느 하나 하찮은 게 없는 나라

모두

장인이 넘쳐 모두가 보물
항구로 옮겨서 모두 가져야죠
조선은 보물 창고

외무대신　　　그중, 조선 여자들은 그 청자만큼이나 보물 중의 보물
　　　　　　　이죠.

(게이샤들을 보며) 저기 있는 계집들은 댈 것이 아니죠. 안 그렇습니까?

외무대신의 말에 마음이 상한 듯 앙탈을 부리는 게이샤들.

이토   (고려청자를 무심하게 내려놓으며) 이제 그만 얘기해 보 게나. 고무라 외무대신.
             귀한 선물인 만큼 어려운 부탁이 아니겠는가?
외무대신   (민망한 듯 웃으며) 또 각하께 제 속내를 들켰습니다.
이토   ...
외무대신   각하, 만주로 가주셔야겠습니다.
이토   (순간 생각이 많아진 이토) 만주라!

모두

만주. 보물 창고

절은 나눠서 무덤들은 파헤쳐

궁궐들은 작게 쪼개서 무조건 가져야죠

만주도 보물 창고

외무대신   우리의 걸림돌인 민비도 제거했고, 조선은 이미 손아귀 에 넣었으니 다음은... 당연히!
이토   (말을 끊으며) 이보게!

M2-c. 〈조선 얕보지 마라〉 – 이토 / 게이샤들

이토

조선 약하다 얕보다가

자칫 잘못하면 큰일 나지

게이샤들

조선 약하다 얕보다가 잘못하면 큰일 나지

이토

모진 세파 이겨낸 나라

우습게 알다간 큰코다쳐

게이샤들

모진 세파 이겨낸 나라 잘못하면 큰코다쳐

이토

수천 년 역사 속 한민족이 뿌리내린

조선을 아직 너희들은 모른다 (게이샤들: 모른다)

조선 얕보기엔 큰 나라

이토가 뭔가를 말하려는 듯 적극적으로 앞으로 나서면, 음악은 다시 거대하고 웅장하게 바뀐다.

M2-d. 〈이토의 야망〉 − 이토

이토

하지만 꿈은 야망이 되고 야망은 미래가 되는 법

지금이야말로 생각해 온 모든 일들, 조용히 실행에 옮길 때

유럽 강국들처럼, 미국처럼 일본의 힘을 보여줄 때

천황의 큰 뜻을 받들어 우리의 힘을 보여줄 때

이토　　　　(외무대신에게) 자네의 그 야망이 제법 맘에 드는군.

내게 조선이 그랬듯, 자네에게는 만주가 첫사랑이 되길

기원하는 의미에서...

이토

러시아가 더 크기 전에 조선을 발판 삼아

중국을 우리 손에 넣는다!

간빠이!

모두

하이!

3장.

2장과 같은 시각
: 조선

경복궁 옥호루.

스산한 바람 소리 들리는데 잠을 설친 듯, 심경이 어지러운 듯 옥호루로 뛰어 들어오는 (궁녀) 설희.

설희　　　마마, 마마! 황후마마...

하지만 아무도 없는 텅 빈 옥호루 앞, 설희는 무슨 생각이 났는지 힘없이 주저앉는다.

M3-a. 〈당신을 기억합니다, 황후마마여...〉 – 설희

설희
저 설희 기억합니다
당신을 기억합니다

따뜻하고 자상한 당신의 모습

잊을 수가 없습니다

당신의 두 눈의 맺혔던 핏빛 어린 눈물

제 마음에 깊은 한으로 남아

잊을 수가 없습니다

그날의 비명 소리들이 아직도 귓가에 남아

떠나시던 황후마마의 간절한 마지막 모습

오지 마라 손짓하시던

도망가라 눈짓하시던

그날 여기 옥호루 달빛 아래

과거의 모습이 구현되는 무대.

낭인들의 발소리와 함께 황후를 찾는 낭인들의 상기된 목소리

여기저기서 들린다.

옥호루 앞을 뛰어다니는 낭인들의 그림자 어지럽다.

낭인들   "민비를 찾아라!"

경복궁 앞뜰을 휘젓던 낭인들의 칼날

황후의 심장 도려낸 칼에 떨어지던 핏방울

불타는 시신 한 줌의 재로 떠나시던 마마를

저 설희, 그날을 잊지 못합니다

꿈에도 잊혀지지 않는 당신의 마지막 모습

눈 감으면 되살아나는 생생한 그날의 모습

잊을래야 잊을 수 없는

잠들래야 잠들 수 없는

깊은 한숨 바람에 흩어지고

깊은 한숨 바람에 흩어지고

황후마마여

모든 소리 잦아들고, 이제 무대는 현실로 돌아온다.

스산한 바람 소리에 힘겨워하는 설희 앞에 김 내관이 나타난다.

김 내관	잠이 들어야 아침을 맞이할 수 있는 법.
설희	(인사하며) 김 내관님.
김 내관	이제 너도 그만 괴로워하거라.
설희	절 일본으로 보내주십시오.
김 내관	(고개를 가로저으며) 어허! 그건 이미 끝난 얘기다.
설희	헤이그 특사가 발각되어 그 뜻을 이루지 못함은 우리가 일본보다 정보전에 약하기 때문이 아니었습니까? 제가 일본으로 건너가 필요한 정보들을 한발 앞서 보내겠습니다. 그러니...
김 내관	하지만 넌 궁녀의 몸이다.
설희	제발, 제발 허락해 주십시오.
김 내관	(설득하듯) 여자의 몸으로 쉽지 않은 일이야.
설희	쉽다 여기지 않았습니다. 다만... 어렵지 않길 바랄 뿐입

니다.

김 내관   어허, 설희야!

설희   누군가는 나서서 우리가 처한 현실을 세계에 알려야 하지 않겠습니까?

그것이 황후마마의...

김 내관   (말을 끊고 설희를 피하며 자리를 옮긴다) 이제 그만 들어가거라!

설희   (김 내관을 불러 세운다) 김 내관님!

김 내관   어허. 그만 들어가래도!

M3-b. 〈가야만 하는 길 1〉 - 설희 / 김 내관

설희

딸같이 예뻐해 주시던

내게는 아버지 같은 분

당신은 알고 있죠. 인생의 의미

귀 기울여 들어봐요. 이 소리를

날 일으키는 이 바람

얼어붙은 내 심장 녹인 이 뜨거운 바람

김 내관

겁 많은 어린아이였지

바람이 널 키워냈구나

인생의 의미를 알아갈 나이가 됐지만

행여 다칠까 아플까 걱정돼

험한 그 바람 속에서

설희/김 내관

이제 서로 이 바람에 몸을 맡길 때

안중근과 제국익문사 요원들이 김 내관을 찾아온다.

안중근 김 내관님!

김 내관 어서 오게! 안중근. (등을 두드려 준다) 내가 자네를 부른 이유는…

안중근 (잠시 설희를 의식하고 긴장한다)

김 내관 (안중근에게) 아, 서로 인사하지.

여기는 명성황후 마마의 마지막 궁녀, 설희네.

안중근 대한제국 의병군 참모중장 안중근이라고 합니다.

김 내관 (설희를 보고) 일본으로 건너가서 우리에게 귀한 정보들을 보내줄 것이네.

안중근 (김 내관에게) 하지만 여인의 몸으로 그 험한 일들을 어찌 감당할 수 있겠습니까?

설희 (단호하게) 남자든 여자든 목숨을 부지하는 것이 수치스러운 때입니다.

(안중근 보면) 아무리 험한 길이라 한들 황후마마의 고통에 비하겠습니까?

김 내관 (설희가 기특하다. 안중근에게) 이 여인을 한번 믿어보게.

설희	최선을 다해 필요한 정보들을 보내겠습니다. 부디 품으신 큰 뜻 이루십시오.
안중근	(예의를 갖춰 다시 인사하며) 잘 부탁합니다.
김 내관	(안중근에게) 자, 이제 자네는 러시아 블라디보스토크로 가서 대동공보[2]사의 최재형과 함께 앞일을 도모하게나.
	(제국익문사 요원들에게) 자, 여러분들은 제국익문사, 고종 황제의 특사들입니다.
	여러분들은 세계에 우리의 독립 의지를 전하고 일본의 못된 야욕에 맞서 싸워주십시오.

M3-c. 〈가야만 하는 길 2〉 – 안중근 / 설희 / 김 내관 / 제국익문사 요원들

안중근 / 제국익문사 요원들

세계를 향하여 알리리라

큰 소리로 외치리라

여긴 대한제국 자주 독립군

안중근 / 설희 / 김 내관

뒤돌아보고픈 맘 있지만

---

2 대동공보(大東共報): 1908년 블라디보스토크에서 창간된 러시아 주재 교민신문. 독립정신과 국권회복을 목표로 해외동포 및 국내 독자에게 커다란 영향을 발휘하였으며 연해주지방 독립운동의 구심점 역할을 하였음. 안중근 의사 또한 대동공보에 기사를 기고하여 국민의 애국심을 고취시키는 활동을 했다.

가야 할 길이 있다는 걸
우린 망설임 없이 나아가리라

안중근
황제의 명 받들어 우리는 출발한다

안중근 / 설희
세상을 향해 대한을 알리리라

안중근 / 설희 / 김 내관 / 제국익문사 요원들
어떤 어려움이 우리 앞에 닥쳐와도
힘찬 발걸음으로 이 땅을 지켜내리
대한 특사
우린 간다
세상으로

4장

한 달 뒤, 1909년 4월
: 러시아 블라디보스토크

밤이 깊어지면 독립투사들이 어둠 속에서 한 명 한 명 그 모습을 드러낸다.
쫓기는 듯, 다급한 발소리가 리드미컬하게 리듬이 되어 흐르는 가운데 무대는 러시아 블라디보스토크의 서구화된 거리가 된다.

M4. 〈비상구는 없다〉 – 와다 / 독립군 / 일본 경찰

독립군

조심해. 몸을 낮춰
감시를 피해 뛰는 우리의 그림자까지도 모두 다 조심해
막다른 골목. 깜빡이는 가로등. 영원히 잡힐 순 없지. 모두 다 도망쳐
조심해. 잡히지 마

사방은 막혀있다

심장도 뛰고 있다
안개야 짙어지거라
우리가 숨 쉴 수 있게

와다   잡아라! 감히 반란군을 만들어 우리 대일본제국에 대
항해?
모두 찾아라! 잡히는 대로 사살해도 좋다.

일본 경찰
서둘러. 놓치지 마
박쥐처럼 숨어있는 그놈들의 그림자까지도 모두 놓치지 마

독립군
조심해 조심해 조심해 조심해

일본 경찰
마주치는 순간. 놓칠 순 없다
영원히 도망칠 순 없지. 모두 다 잡아라
반드시 잡으리라

독립군
조심해 조심해 조심해 조심해

일본 경찰
비상구는 막혀있다
출구는 이제 없다
태양아 떠오르거라
놈들을 잡을 수 있게

와다　네놈들의 다리를 분질러서라도 천황 폐하의 백성으로
만들리라.

와다
조센징 안중근 널 찾아 여기까지 왔디
결코 도망칠 순 없다. 오늘은
내가 널 잡는 것은
나의 운명, 나의 본분
결코 물러설 순 없다. 이 순간

독립군 / 일본 경찰
사방은 막혀있다. 심장도 뛰고 있다
비상구는 막혀있다. 출구는 이제 없다
사방은 막혀있다. 심장도 뛰고 있다
비상구는 막혀있다. 출구는 이제 없다
쫓고 쫓기는 운명의 순간

독립군

따라오는 그림자. 시간아 멈춰다오
매 순간을 조심해 잡히면 끝장이야
조심해 조심해 조심해 조심해

와다

조센징 안중근 널 찾아 여기까지 왔다
결코 도망칠 순 없다. 오늘은
내가 널 잡는 것은
나의 운명, 나의 본분
결코 물러설 순 없다. 이 순간

와다 / 일본 경찰

사방은 막혀있다. 심장도 뛰고 있다
매 순간 조심해. 잡히면 모두 끝장

〈배고픈 청춘이여〉의 전주에 맞춰 왕웨이의 만둣가게로 변하는 무대.
독립군들의 배에서 꼬르륵 소리가 들리자 우덕순이 젓가락을 빼어 들
고 노래를 시작한다.

M5-a. 〈배고픈 청춘이여〉 – 왕웨이 / 우덕순 / 조도선 / 유동하 / 독립군들

우덕순   아이고, 나 진짜 배고파 죽겠어요. 아, 만두는 언제 되는
            거야?
조도선   호들갑 떨지 말라.
우덕순   우리 충청도에서도 이것보다 빠르겠네.

우덕순
돼지고기에 다진 마늘 두부를 으깨서
오동통통 따끈따끈 정성 가득 담아낸

왕웨이표 만두는 최고 만두 (독립군들: 최고 만두)

빨리 빨리 해준다면 정말 좋겠네

우덕순 / 유동하 / 독립군들

기다리다 숨이 꼴까닥 만두 왕왕 만두

목구멍에 침이 가득, 상상해 봐 그 맛을

왕웨이

그럴 만두 하지, 내 솜씨

참을 만두 하지, 그 맛을 보려면

달인 만두 아무나 만두~울 수 없다네

하지만 만두에겐 반드시 거쳐야 하는 숙명의 길이 있지

황제가 납신대도 어쩔 수 없지

달인의 철칙 곧 최고의 맛

우덕순 / 유동하 / 독립군들

절대 미각 우리도 달인

왕만두 먹는 달인

왕만두를 한입에 꿀꺽 다 삼켜줄 거야!

왕웨이

스물여섯 개의 회오리 주름을 가진 왕만두를

80도 온도에서 3분간 푹 쪄내오면

그게 바로 왕웨이표 달인 만두

우덕순 / 유동하 / 독립군들
식탁 앞으로 공격 준비, 젓가락을 세워!

왕웨이
(왕만두를 가져오며) 자, 여기!

우덕순 / 유동하 / 독립군들
한가득 후한 인심 불만두 없지

왕웨이
배고픈 청춘이여
먹고 먹어도 배가 고픈 건
어머니가 그립고 따뜻한 정이 고픈 것

동지 3인 / 독립군들
왕웨이 만두는 비법 가득 달인의 손맛
아무리 먹고 먹어도 질리지 않아 참 맛있어

왕웨이 만두 왕만두 속엔 어머니 마음이
따뜻함이 담겨있지
왕웨이 좋은 친구
참 좋은 우리 친구

고달픈 청춘이여

먹고 먹어도 배가 고픈 건
어머니가 그립고 따뜻한 정이 고픈 것
허전한 마음이 고픈 것
고달픈 청춘, 달랠 만두 하지!

왕웨이   내가 만두 더 가지고 올 테니 싸우지 말게나. 링링!
링링   아이고, 다 큰 어른들이 만두 가지고 싸우기나 하고, 더
         가지고 올게요!
유동하   (링링의 앞에 서서) 링링! 내가 뭐 도와줄 거 없어?
링링   없어. (퇴장한다)

다들 보기 좋게 거절당한 유동하를 놀리거나 위로하는데... 최재형이
등장한다.

최재형   동지들!
유동하   최재형 선생님!
최재형   여기, 누가 왔는지 한번 보시게.

안중근, 들어온다.

우덕순   형님! (달려가 안중근을 힘껏 껴안는다)
안중근   덕순아!
우덕순   회령 전투에서 패하고 얼마나 찾았는지 몰라요. 어디 다
         친 데는 없어요?

안중근	자네들은 모두 괜찮은가?
우덕순	저희야 최재형 선생님 덕분에 무탈하게 지냈어요.
조도선	(나서 악수를 청하며) 반갑소. 조도선이외다. 말씀 많이 들었습니다.
최재형	아! 자네가 일전에 편지로 부탁한 여기 블라디보스토크 최고의 명사수네.
안중근	반갑습니다.
최재형	그리고 저긴..
유동하	(앞으로 나서며 안중근의 손을 덥석 잡는다) 선생님 말씀은 많이 들었습니다. 유동하라고 합니다.
최재형	이 친구는 러시아어에 능통하다네.
안중근	몇 살이지?
유동하	열일곱입니다.
안중근	(최재형에게) 이런 일을 하기엔 나이가 너무 어린 것 같습니다.
유동하	(말을 자르며 앞으로 나선다) 아버지께서 말씀하시길 나라 잃은 청년들은 일찍 철이 든다 하셨습니다.
안중근	하지만 목숨이 위태로울 수도 있는 일이야.
조도선	일신의 안일이 조국을 빼앗긴 서러움보다 더하겠소!
안중근	(잠시 고민한다)
유동하	선생님, 작은 힘이라도 보탤 수 있도록 허락해 주십시오! 네?
안중근	(인정한 듯 어깨를 쳐준다)
유동하	선생님, 감사합니다.

안중근	지금까지 살아온 길은 달랐지만, 앞으로 가야 할 길은 같을 것입니다.
	우리 흩어진 동지들을 다시 모읍시다!
최재형	중근, 자네가 부탁한 무기를 중국 군대에서 받기로 했네.
조도선	이제 안전하게 가져오는 일만 남았구만.
안중근	좋습니다. 저와 여러분이 힘을 합친다면 수백 수천만 일본군에 맞서 싸울 수 있을 것입니다. 자, 다시 부딪혀 봅시다!
독립군들	네! / 좋아유!

환호하는 독립군들의 사기가 하늘을 찌른다. 왕웨이가 들어온다.

왕웨이	이게 누군가!
안중근	왕웨이! (왕웨이와 우정의 포옹을 나눈다)
왕웨이	친구! 건강하게 돌아와 줘서 고맙네.
안중근	자네 이 만두 같은 배는 여전하구먼.
왕웨이	점점 부풀어 올라 언젠가 뻥 터질 걸세.

이어서 링링 들어온다.

링링	여기, 만두 나왔습니다! (안중근을 보고) 선생님?
안중근	링링?
링링	선생님!

안중근	못 본 사이 예쁜 아가씨가 되었구나.
링링	(수줍다) 선생님은 더 잘생겨지셨네요.
우덕순	(장난스럽게 안중근의 얼굴을 살피며) 그래유? 어디가유?
왕웨이	링링. 네 얼굴이 빨개졌다.
링링	아, 오빠!

왕웨이와 링링이 티격태격한다.

링링	(안중근을 식탁으로 안내하며) 선생님, 배고프시죠? 만두 좀 드세요.

모두 식탁으로 다가간다. 독립군들도 만두를 먹고 싶은 마음은 가득하지만, 안중근에게 자리를 양보한다. 모두 안중근이 만두를 먹을 때까지 기다린다.

안중근	(분위기를 보고) 같이 먹지?
독립군들	와- (달려들어 만두를 하나씩 집어 들고 해맑게 웃는다)

M5-b. 〈배고픈 청춘이여 reprise〉 – 전체

고달픈 청춘이여
먹고 먹어도 배가 고픈 건
어머니가 그립고 따뜻한 정이 고픈 것
허전한 마음이 고픈 것

고달픈 청춘, 달랠 만두 하지!

안중근도 이들을 보고 환하게 웃는다.

6장

일본의 고급 요정, 잘 가꿔진 정원의 연못 위 다리에서 달을 바라보고 있는 설희의 표정이 비장하다.

M6-a. 〈내가 기다리는 것〉 - 설희

설희
내가 기다리는 것
다가올 기회
나 그것을 잡을 거야

난 더 이상 겁먹던 어린아이가 아니야
기억해 모두의 기억 속에 나는 없어
지난 과거는 잊어
나에겐 오직 용기가 필요한 오늘이 있을 뿐

오늘이 지나 어느 날 내가 이 땅에서
그와 함께 먼지처럼 사라지게 되기를
그의 욕망, 그의 탐욕도 먼지처럼
사라지게 되기를

간절한 바람으로 내일을 불러
내가 사라져서 밝힐 내일을
정해진 운명처럼 나 여기 왔으니
이제 그자를 만날 순간을 기다려

불같은 운명에 온몸을 던져
거센 폭풍 같은 시간을 달려
정해진 운명처럼 나 여기 있으니
오직 용기가 필요한 오늘이 있을 뿐

내가 기다리는 것
다가올 기회
나 그것을 잡을 거야

노래가 끝나면, 무대 전환된다.

이토가 (근대화된 제복을 입었던 앞과는 달리) 일본 전통 기모노를 입고 앉
아 샤미센 소리를 벗 삼아 외무대신과 함께 편하게 술잔을 기울이고 있다.

외무대신   각하, 이번 기회에 러시아와 담판을 지어 조선 통치권

	은 물론 널리 북만주와 중국 남쪽까지 손에 넣으셔야 합니다.
이토	(고개를 끄덕이며) 코코프체프와 기탄없이 이야기를 나눠보지.
	아, 그리고.. 하얼빈 근처에 쓸 만한 부지를 한번 알아봐.
외무대신	그건 왜...
이토	생체실험을 할 생각이네.
외무대신	(놀라며) 생체실험. 하지만 그러려면 대상이...
이토	중국인들과 조선인들... (술잔을 비운다)
외무대신	(알겠다는 듯) 큰일에는 반드시 누군가의 희생이 필요한 법이죠.
이토	일본을 세계적 수준의 의학 국가[3]로 만드는 것. 그게 내 마지막 꿈이네.
외무대신	하이!
이토	일이 잘 풀리면 내년 정원에는 우리 집에서 아껴둔 브랜디나 한잔하세.
외무대신	하이!

외무대신과 이토가 대화를 나누는 사이, 설희가 다리에서 천천히 내려온다.

---

3 이토는 제국주의 팽창을 위해 서양의 과학과 의학을 매우 중요한 수단으로 여겼다. 이에 이토는 통감부 설치 후, 일본인 이주자와 식민지 통치자를 위한 최상급 병원인 대한의원을 건립하고 을사오적 이지용과 정미칠적 임선준에게 원장을 맡기기도 했다.
이토가 사망한 해 12월 22일, 을사오적 이완용이 이재명 의사가 명동성당(종현천주교회당) 앞에서 날린 단칼에 여러 번 찔려 중상을 입었으나, 당시 대한의원의 일본인 외과의사에게 조선 최초로 흉부외과 수술을 받고 살아남은 일화가 있다.

주인 게이샤와 눈이 마주친다. 주인 게이샤, 이토에게 귀엣말을 한다.
주인 게이샤가 고개를 끄덕이면 음악과 함께 설희, 등장한다.

M6-b. 〈설희 춤곡〉

빙글빙글 돌아가는 설희의 몸이 공중으로 치솟으며 슬쩍 드러나는 가
녀린 팔목. 게이샤들과는 다른 예인(藝人)이 지닌 기품 넘치는 춤사위
와 보일 듯 말 듯 치마 속으로 감춰지는 하얀 버선발에 자신도 모르게
탄성을 내지르는 이토.

이토　　　　　　저 아이... 이름이 뭔가?

주인 게이샤　　나미다입니다.

이토　　　　　　눈물이라... 썩 어울리는 이름은 아니군. 이리 좀 부르지.

주인 게이샤　　저... 허나 문제가... (이토의 눈치를 보며) 조센징이라...

이토　　　　　　조센징? (잠시 생각하다 고개를 끄덕인다)

주인 게이샤 자리에서 일어나 설희를 데리러 다가간다.

주인 게이샤　　(나미다에게 다가가서) 나미다!

외무대신　　　각하! 조센징이 아닙니까!

이토　　　　　　어허, 고무라!

설희가 이토에게 다가가고, 외무대신과 주인 게이샤 퇴장하면 설희와
단둘이 남은 이토.

샤미센 소리만 조용히 들려온다.

이토   저무는 황혼이라 너 같은 미인을 곁에 두기가 겁나는구나.

설희   황혼의 태양이 한낮의 태양보다 그 열기는 약할지 모르
             나 세상을 붉게 물들이는 잔잔한 힘이 있지 않습니까?

이토   (기분 좋게 웃으며) 재색이 무색하리만치 남의 기분을
             헤아리는 재담도 일품이구나.

설희   대장부가 쉬어 가는 길이라 하여도 왜 불안함과 초조감
             이 없겠습니까만 오늘만큼은 이 술 한 잔 드시고 깊은
             잠 청하십시오.

설희가 배려하듯 조심스럽게 객실을 빠져나가면 이토가 홀로 남아 술
잔을 바라본다.

이토   세상을 붉게 물들이는 잔잔한 힘이라...

M7. 〈황혼의 태양〉 – 이토

이토

저 숲을 물들인 단풍이 계절을 품고 있듯

기우는 저 태양이 말해주네

지나온 나의 긴 그 인생을

하늘을 물들인 황혼이 하루를 말해주듯이

영원히 빛나리라 믿었던

　　　　나의 생애도 이젠 저물어 가네

　　　　나 어릴 적 꿈꿔왔던
　　　모든 것들이 이제 내 손안에 있는데
　　　허전한 내 마음 공허한 이 느낌
　　　　무엇으로 채울 수 있을까

　　　어두운 밤하늘, 별의 노래
　　　이 밤도 영원하진 않으리
　　내일도 태양은 다시 뜨고 다시 지니

　하늘을 물들인 황혼이 하루를 말해주듯이
　　　영원히 빛나리라 믿었던
　　　나의 생애도 이젠 저물어 가나

황혼의 붉은 기운이 깃든 술잔을 비우고 일어서는 이토.
이토의 옷을 챙겨주는 주인 게이샤.

이토　　　　내가 얼마 후에 하얼빈으로 갈 예정인데.. 나미다와 함
　　　　　　께 갔으면 하네. 가능하겠나?

주인 게이샤　오랜 친구의 부탁을 거절해서야 되겠습니까?

이토　　　　나이를 먹을수록 고마운 사람들이 많아지는 것 같구만.
　　　　　　(주인 게이샤 퇴장) 나미다...

7장

유동하와 링링이 독립군에게 필요한 물품을 숨길 꽃수레를 밀고 나온다.
링링이 여기저기 망을 보는데 유동하가 계속 졸졸 쫓아다닌다.

링링   뭐야. (이동하는데 또 쫓아온다) 아, 왜 이래!

유동하   내가 널 항상 지켜준다니까!

링링   (콧방귀를 뀌며) 네가?

유동하   이제 이 작전만 성공하면...

링링   선생님이 기뻐하시겠지?

유동하   (실망감을 숨기고 제비꽃을 꺼내 든다) 링링!

링링   어, 제비꽃이네.

유동하   제비꽃을 알아? 그럼, 꽃말이 뭔지도 알겠네?

링링   꽃말?

유동하   나를.. 잊지.. 마세요.

링링   나를 잊지 마세요.

중국 전통 복장을 입은 안중근이 등장한다.

안중근   얘들아!
링링   선생님!
안중근   미안해. 이렇게 위험한 일에 끌어들여서..
링링   괜찮아요.

나가려던 안중근을 붙잡듯이 말하는 링링.

링링   제가 좋아서. (안중근 보면) 그냥 좋아서 하는 일이에요.
안중근   (다시 돌아와서 링링의 어깨를 두드리며) 고맙구나.

우덕순과 독립군들이 모여든다.

우덕순   (안중근을 부른다) 형님!

우덕순과 조도선, 독립군들은 미행이 있는지 주변을 경계하며 안중근을 중심으로 모인다. 안중근이 명령을 내리자 다들 서둘러 빠르게 흩어진다. 링링, 그런 안중근의 모습에 가슴이 설렌다.

링링   (안중근의 말을 곱씹으며) 고맙구나…

M8. 〈이것이 첫사랑일까〉 - 링링 / 유동하

링링   (한 번 더 곱씹으며) 고맙구나…

링링
운명은 이렇게 다가와

(사이)

유동하
운명은 이렇게 다가와
심장도 이렇게 뛰어와
열일곱 소년의 두근거림
그래 너는 내 맘 알 거야

링링
설레는 이 느낌 무얼까
떨리는 이 마음 아실까
붉어진 내 얼굴 떨리는 내 입술
그래 너는 내 맘 알 거야

눈을 비비고서 크게 눈 떠보니
어느새 내 맘에 봄이 (유: 봄을 기다려)

유동하
숨을 크게 쉬고 주위를 둘러보면

언젠간 내게도 사랑이

함께

미풍에 실려 온 제비꽃, 이 향기

링링

그의 마음도 내게 왔네

함께

마음에 아련히 스며드는 느낌

이것이 첫사랑일까

언젠간 말하리 (유: 내 마음)

링링

내 마음

이때, 와다와 부하들이 거리를 점령하고 수색을 시작한다.

와다　　　　놈들이 숨어있을 만한 곳은 모두 샅샅이 뒤져라.

일본 경찰들　　하이!

M9-a. 〈추격 BGM Instrumental〉: 빠르고 긴장감 있는 타악

우덕순이 독립군과 등장한다. 두 사람을 수상하게 여긴 일본 경찰이 그

들에게 다가간다.

우덕순과 독립군은 줄행랑을 치고 와다와 일본 경찰이 좇아간다. 긴박하게 돌아가는 상황에 위험을 느낀 유동하는 꽃수레를 끌고 태연한 척 자리를 피하려 하는데...

일본 경찰　　어이! 잠깐!

일본 경찰이 유동하에게 다가간다. 긴장하는 유동하. 링링이 제비꽃을 들고 일본 경찰을 막아선다.

링링　　　　이 제비꽃 너무 예쁘지 않아요?
일본 경찰　　비켜!
링링　　　　오늘 한 송이도 팔지 못했어요. 제발 꽃 한 송이만 사주세요...
일본 경찰　　비키라는 말 안 들려?

일본 경찰이 링링을 밀쳐 내고 링링이 쓰러지자 조도선이 나타나 일본 경찰을 향해 총을 발사한다.
일본 경찰이 어깨에 총을 맞는다. 총소리를 듣고 나타난 와다.
조도선이 도망치며 와다를 유인한다. 와다는 총을 뽑아 조도선을 향해 쏘지만 빗나간다.

와다　　　　쫓아가!

와다와 일본 경찰이 조도선을 쫓아간다.

일본 경찰이 나간 후, 유동하가 쓰러진 링링을 일으켜 준다. 안중근, 나타난다.

안중근   애들아, 괜찮아?

링링   괜찮아요.

안중근   아무래도 정보가 새나간 모양이야. 나중에 왕웨이의 가게에서 다시 만나자.

              조심해서 돌아가야 한다.

안중근 사라지면, 유동하와 링링이 서둘러 꽃수레를 몰고 사라진다.

한숨 돌린 듯했던 상황은 무대가 블라디보스토크의 뒷골목으로 변하면서 다시 위기로 치닫는다.

M9-b. 〈추격 1 Instrumental〉: 빠르고 긴장감 있는 타악

한 편의 영화를 보듯 야마카시[4]로 무대를 활보하며 추격전을 펼치는 독립투사들과 일본 경찰들.

배우들의 화려한 동작들과 짜임새 있는 안무. 독립군들은 간신히 와다와 일본군을 따돌리고, 일본군들은 안중근과 독립군들이 사라진 쪽을 보며 잡겠다는 강한 의지를 내보인다.

---

4 야마카시(YAMAKASI): 아프리카어로 '초인'이란 뜻으로 1990년대 프랑스 젊은이들이 장비 없이 맨손으로 건물을 타고 놀던 것에서 유래하였다. 고도의 기술과 체력이 있어야 하는 신종 익스트림 스포츠로 프리러닝(Free Running)이라고도 한다.

팽팽한 기 싸움 속에 무대 전환되면 왕웨이의 만둣가게다.

조도선	큰일 났어! 여기가 발각됐어!
안중근	왕웨이, 놈들이 이리로 오고 있어! 어서, 피해!
왕웨이	(밖을 보고) 밖에 일본 놈들이 쫙 깔렸군! 어서! 뒷문으로 도망치게.
	(뒷문을 열어주고는 움직이지 않는다)
안중근	왕웨이, 자네는?
왕웨이	문을 잠그고 금방 따라가겠네.
안중근	안 돼, 왕웨이. 자네도 위험해.
왕웨이	중근이 어서 가!
우덕순	형님! 어서요!

우덕순이 안중근을 끌고 마지막으로 가게를 빠져나간다.

안중근	(끌려 나가며) 왕웨이! 왕웨이!
왕웨이	잘 가게, 내 친구!

홀로 남아 모든 것을 체념한 듯, 모든 것을 받아들이려는 듯 앉아있는 왕웨이.

M10. 〈흔들림 없는 태산처럼〉 – 왕웨이

왕웨이

척박한 땅, 러시아에 와서

모진 세월 참고 견뎌온

나 왕웨이는 쉽게 흔들리지 않아

와다   (가게로 들어서며 왕웨이를 제압하고) 안중근은 어디 있어?

왕웨이   모른다, 난 모른다!

잠시 타향살이 설움에

서로를 위로한 것뿐

그가 무엇이든 누구든

그는 내 친구일 뿐

와다   말해. 안중근과 무슨 모의를 했지?

왕웨이   난 모른다. 난 만두밖에 모른다.

일본 경찰들, 왕웨이를 폭행한다. 바닥에 쓰러진 왕웨이를 일으켜 세우는 일본군. 왕웨이 웃는다.

와다   웃어?

와다가 다시 폭행을 지시한다. 온몸으로 매질을 견디며 노래하는 왕웨이.

거센 풍파, 모진 세월에도
흔들림 없는 태산처럼
중국인은 쉽게 흔들리지 않아
배신은 없다

배신하지 않는다

와다   더러운 중국 놈! (침을 뱉고) 감히 조센징을 도와?

와다, 쓰러진 왕웨이를 일으켜 폭행하고 머리에 총을 겨눈다.
왕웨이, 와다를 노려본다. 왕웨이를 권총으로 가격한다.
기절하는 왕웨이.

와다   끌고 가!

전환 음악과 함께, 한 발의 총성이 울린다.

8장

파이프 오르간 소리가 들리는 성당.

왕웨이의 시신이 담긴 관을 성당 안으로 옮기는 독립군들과 링링.

M11-a. 〈내 친구 왕웨이〉 – 남성 허밍

신부神父의 주관하에 왕웨이의 장례식이 거행된다.

안중근	깊은 어둠 속에서 제 빛을 발하던 내 친구.
	착한 웃음 나누며 살던, 힘내어 푸르렀던 내 친구.
	이제 마지막으로 널 불러본다.
	왕웨이, 내 벗이여. (가슴을 가리키며) 여기 잠들라.
링링	오빠.. 오빠..

관을 붙들고 오열하는 링링에게 유동하가 손수건을 건네며 위로한다.

독립군

왕웨이, 내 벗이여

여기 잠들라

독립군들이 왕웨이의 시신을 옮겨 성당 밖으로 나가면 링링은 고통스러운 마음으로 그 뒤를 따른다.

안중근은 성당 밖으로 나가려다 뒤돌아 십자가를 바라보다 물음을 던진다.

안중근   조국이 무엇입니까? 조국이 대체 우리에게 무엇입니까!

M11-b. 〈기도 BGM〉

안중근   전투에서 너무나 많은 동지가 목숨을 잃었어.

내가 과연 그들을 위해 무엇을 할 수 있을까?

고개를 떨군 안중근. 지친 그의 어깨가 무겁게 가라앉는다.

이때 안중근의 머릿속에 조마리아(안중근 어머니)의 음성이 들린다.

조마리아   도마야...

안중근   (짧은 탄식처럼) 어머니!

조마리아   운명이 때론 가혹하게 느껴져도, 두렵게 다가와도...

누구에게나 각자 걸어가야 할 길이 있는 법이다.

안중근   어머님. 전 그저 제 앞에 놓인 선택 하나하나가 두렵기만 합니다.

조마리아   내 아들... 나의 사랑하는 도마야. 주님께 늘 기도하거라.
            네가 갈 길을 가르쳐 주실지니 운명에 몸을 맡겨라.
            남겨진 가족들의 걱정은 말고 넌 너의 길을 가거라.
            멈추지 말고 뒤돌아보지 말고 네 뜻을 꼭 이루려무나.

조마리아의 환영이 사라진다.

M12. 〈영웅〉 - 안중근

안중근
타국의 태양 광활한 대지
우린 어디에 있나
잊어야 하나 잊을 수 있나
꿈에 그리던 고향

장부가 세상에 태어나
큰 뜻을 품었으니
죽어도 그 뜻 잊지 말자
하늘에 대고 맹세해 본다

두려운 앞날 용기를 내어
우리 걸어가리라

눈물을 삼켜 한숨을 지워
다시 걸어가리라

어머니 어머니 서글피 우시던 모습
날이 새면 만나질까
멀고 먼 고향 너무 그리워

기적 소리가 우리의 심장
고동치게 하리니
조국을 향한 그리운 마음
눈시울이 뜨겁다

장부가 세상에 태어나
큰 뜻을 품었으니
죽어도 그 뜻 잊지 말자
하늘에 대고 맹세해 본다

하늘이시여 도와주소서
우리 뜻 이루도록
하늘이시여 지켜주소서
우리가 반드시 그 뜻을 이룰 수 있도록

무대는 이제 별이 촘촘하게 떠있는 블라디보스토크의 밤으로 변하고, 최재형과 동지 3인방이 안중근에게 급히 온다. 최재형은 안중근에게 설희의 편지를 준다.

최재형   중근. 오늘 대동공보사로 설희의 편지가 도착했네.

안중근   (편지를 읽으며) 도착 예정 시간은 10월 26일 오전 9시. 하얼빈역. 다섯 번째 객차. 특별 칸. 흰 손수건...

최재형   대체 무슨 속셈인지..
이토가 대련과 여순, 채가구를 거쳐 하얼빈으로 온다는 소식이네.

안중근   (편지의 내용을 곰곰이 되새긴 후, 천천히 성호를 그으며) 주님.. 제게 민족의 원수, 이토를 죽일 기회를 주십시오.

최재형   무슨 말인가? 이토를 죽이겠다고?

모두 놀라 안중근을 바라보는데...

최재형	불가능한 일이네. 최고 권력자인데 그 호위가 오죽하겠나?
안중근	할 수 있습니다. 아니, 해내야만 합니다.
	이번 기회를 놓친다면 우리는 영원한 일본의 속국으로 남을 것입니다.
최재형	기회는 쉽게 오지 않을 거야.
안중근	선생님, 이것은 전쟁입니다.

누구도 선뜻 어떤 말을 잇지 못하는데...

조도선	... 안 동지 뜻이 그러하다면 나는 안 동지 뜻에 따르겠소.
최재형	자네까지 왜 그러나.
유동하	선생님, 러시아어를 통역할 누군가가 있어야 하지 않겠습니까.
최재형	동하야!
유동하	저도 분명 쓸모가 있을 것입니다.
우덕순	저는 진작 형님과 함께하기로 약속했으니 무조건 따라가야죠.
안중근	(최재형에게) 선생님... 도와주십시오.
최재형	자네들의 뜻은 알겠네만 목숨이 위태로울 수도 있는 일이네.
	설사 성공한다고 하더라도 독립투쟁에 많은 희생도 뒤

따를 것이고...

M13. 〈그날을 기약하며〉 – 안중근 / 우덕순 / 조도선 / 유동하 / 최재형 / 링링

최재형   도와주지 못해 미안하네. (자리를 피하려는데...)

안중근
2천만 동포의 깊은 한숨을 대신하듯 불어오는 이 바람
잠자던 내 영혼 지친 나에게 스쳐 가며 말하네
이제는 떠나가야 할 시간 그것은 너의 길

조도선
힘난한 시련을 겪을 수밖에 없겠지
머나먼 타국 땅에선

우덕순
하지만 그것은 내게 주어진 운명

유동하
잊을 수 없는 건 빼앗긴 조국
신음하는 우리의 부모 형제

안중근 / 우덕순 / 조도선 / 유동하
우리가 가는 길

기약 없는 내일과 두려운 미래

하지만 포기할 수는 없어

우리 후손 위해

안중근

시간이 흐르면 역사 속에서 사라져

이름도 없겠지만

결연히 맞잡은 손과 함께 음악도 점점 고조되는데...

안중근 / 우덕순 / 조도선 / 유동하

나 오늘, 이 순간 후회 없이 살고 싶어

그날을 위하여

우리 모두 어깰 감싸며 말하네

힘을 내자고

바람이여 도우소서

우리에게 힘을 주오

기약된 그날을 위해

자, 우리들의 외침 세상이 들으리라

민족의 울음 뜨거운 열정

사랑하는 조국을 위해

음악 소리와 함께 작게 들려오던 기차 소리가 점점 크게 들려오면 안중근과 세 사람의 모습 보인다. 링링이 사진기사와 함께 등장한다.

링링	선생님!
유동하	링링!
링링	(안중근에게 왕웨이의 모자를 건넨다) 선생님, 오빠가 쓰던 모자예요.
	오빠가 어디서든 선생님을 지켜줄 거예요.
안중근	(링링에게) 고맙다.
링링	(태연스럽게 더 밝은 척하며) 자, 우리... 기념사진 한 장 찍어요.
모두	기념사진?
유동하	(최재형에게) 선생님도 같이 찍으시죠.
최재형	아니, 젊은 사람들끼리 찍게.
링링	우리들의 아름다운 청춘을 위해서.

수줍게 안중근의 옆자리를 지키고 선 링링. 유동하가 우덕순과 자리를 바꿔 링링 옆에 선다.
밝게 웃는 우덕순과는 달리 무표정의 조도선. 모두가 사진기 앞에 서면 최재형이 태극기를 건네준다.

최재형	자, 이 태극기도 빠지면 안 되겠지?
링링	아, 다들 사진 찍는데 표정들이 왜 그래요. 모두 웃으세요!

태극기를 펼쳐 든 그들을 바라보는 최재형의 눈에 눈물이 고이면, 사진기에서 플래시가 터진다.

사진기사　　　자, 찍겠습니까. 하나, 둘, 셋!

모두 / 대코러스
그날을 위하여
우리 모두 어깰 감싸며 말하네
힘을 내자고
바람이여 도우소서
우리에게 힘을 주오
기약된 그날을 위해

자, 우리들의 외침 세상이 들으리라
민족의 울음 뜨거운 열정
사랑하는 조국을 위해

암전.

1막 끝.

제
2
막

1장.   1막 10장의 연결, 1909년 10월

〈영웅〉 2막의 문이 열리면... (하얼빈 거사 장면을 암시하는) 기차 소리가 객석을 휘감고 돈다.

안중근   도착 예정 시간은 10월 26일 오전 9시. 하얼빈역. 다섯
                번째 기차. 특별 칸. 흰 손수건. 하나, 둘, 셋!

안중근이 쏜 한 발의 총성과 함께 무대 밝아지면 이제 산속이다.

우덕순   형님! 명중이오! 명사수야. 명사수.
조도선   (총을 건네며) 자, 다음은 동하하고 덕순이. 하나, 둘...

(한 발의 총성) 우덕순은 동하가 쏜 총소리에 놀라 바닥에 납작 엎드린다.

우덕순   야! 유동하!

유동하	이거 생각보다 어렵네요. (총을 이리저리 돌려 살펴본다)
조도선	(놀라서) 동하야! 동하야! (총을 빼앗는다) 총은 항상 조심히 다뤄야지.
우덕순	참, 저런 걸 데리고 거사를 하겠다고.
조도선	(우덕순을 보고) 바닥에 엎드려 뭐 하는 거요?
우덕순	(민망한 듯 자리에서 일어서며) 원래 사나이 싸움은 주먹다짐이 최고인데.
	(권총을 가리키며) 뭐 이런 걸 가지고.
조도선	그럼, 만약에 내 총이 비껴가면 우 형이 달려가서 주먹으로! 파박...
	(우덕순의 뺨 바로 앞에서 주먹을 멈추며) 명중이오.
	(다시 이루어지는 주먹다짐 끝에 우덕순을 제압하고) 명중이오!
	(뒤돌아서는 자신을 기습하는 우덕순의 주먹을 예측하고는) 명중이오!

조도선, 피식 웃는다. 조도선이 우덕순과 유동하의 손에 다시 총을 쥐여주고 진지하게 사격술을 가르친다. 안중근도 다른 곳에서 총을 꺼내 먼 곳을 겨눈다.

조도선	총을 뽑아 적을 겨눌 때는 목표를 정해. 머리면 머리, 심장이면 심장! 흔들림이 없도록 다른 손으로 총을 받치고!
안중근	(혼잣말처럼) 도착 예정 시간 10월 26일 오전 9시.
조도선	세상 모든 것이 멈춘 듯이 호흡을 멈추고!

안중근	(혼잣말처럼) 하얼빈역. 다섯 번째 객차. 특별 칸. 흰 손수건.
조도선	셋 안에 목표물을 향해! 하나.. 둘..

(안중근이 쏜) 총소리에 놀란 산새 한 마리 자리를 박차고 날아간다.
안중근의 실수에 모두 마음이 무겁기만 한데...
이때, 최재형이 (거사자금이 든) 가방 하나를 가지고 나타난다.

유동하	(달려가 반기며) 선생님!
최재형	준비는 잘되어 가는가?
우덕순	쐈다 하면 백발백중이죠.
최재형	(안중근에게 다가가며) 자네 무슨 고민 있나?
안중근	선생님 저희가 만약 하얼빈역에서 실패한다면...

안중근의 말에 놀라 모두 그를 쳐다본다. 모두 마음이 무거운데...

조도선	안 동지, 사냥터를 두 곳으로 쪼개놓는 것이 어떨까요?
우덕순	사냥터에 덫이 많을수록 잡을 수 있는 확률은 높아진다는 얘기지요?
조도선	머리는 쓸 만하군. (지도를 꺼내며) 다들 모이시오. 장춘과 하얼빈 사이 거리가 꽤 됩니다. 특급열차가 목적지에 도착하기 전까지 반드시 한 번쯤은 정차할 것이니, (우덕순에게) 나와 덕순이는 여기 채가구역에서...
안중근	동하와 저는 하얼빈역에서 이토를 기다리겠습니다.

우덕순   어디든 덫에 걸리기만 해라. 이 덕순이가 아주 찜을 쩌
              먹어줄 테니까.

M14. 〈오늘의 이 함성이〉 − 안중근 / 우덕순 / 조도선 / 유동하 / 최재형

조도선
하나로 뭉친 오늘
우리의 운명은 정해졌다
가자, 다가오는 그날을 위해

우덕순
원했던 인생은 아니지만
피해 갈 수 없는 우리의 운명
뜨거운 가슴 안고 가리라

유동하
기회는 단 한 번뿐
한 발의 총성으로
우리의 의지 세상에 알리리라

안중근 / 조도선 / 우덕순 / 유동하
오늘 이 한 발의 총성이
내일의 역사가 되리니
가자, 동양의 평화를 위하여

안중근

두려움을 이기고 내일로 나아가자

안중근 / 조도선 / 우덕순 / 유동하

너와 내가 함께하리라

우리의 함성이 잠자는 숲을 깨우듯

어두운 이 세상 깨우리

잊지 말자, 오늘 우리

최재형	자, 조선 황실의 내탕금과 동포들의 피눈물이 만들어 준 거사 자금일세.
안중근	(최재형이 건넨 가방을 받아 들고) 감사합니다. 꼭 필요한 곳에 요긴하게 쓰겠습니다.
우덕순	자! 출발이오!

모두

우리의 함성이 잠자는 숲을 깨우듯

어두운 이 세상 깨우리

잊지 말자, 오늘 우리

기억하자, 오늘 우리

힘을 내자, 오늘 우리

이제 음악 끝난 후, 멀리 기차가 증기를 내뿜고 달리는 소리가 섞이며 커지기 시작한다.

2장

외무성 앞. 이토의 출정식이다.
일본 관료들을 비롯해 군인들이 진시황릉의 토용처럼 도열해 있다.

M15. 〈출정식〉 – 이토 / 외무대신 / 관료들 / 군인들

이토가 군인들에게 손을 흔들어 인사를 하며 연단으로 올라선다.
설희와 주인 게이샤는 연단 아래에 서서 그 모습을 지켜본다.

일본 군인들
흰 바탕에 붉게 물든 원 / 일본의 상징이여
순결한 마음에 붉은 피 / 일본의 깃– 발이여
욱일승천 빛나는 이 영광 / 천황의 마음이여
선택받은 황국의 신민 / 천황을 받들어라

이토	(당당하게) 이번 하얼빈 시찰은 나에게 국가를 위한 최후의 봉사요, 극동의 평화와 문명을 여는 최선의 길이 될 것이다.
관료들	(존경하는 의미의 거수를 올린다) 하이!

이토

파도 천 리 나의 전장 내일은 만주로
얼지 않는 항구, 대련 그 땅을 일본에

만주가 우리의 땅 거기까진 나의 꿈
다음부턴 너희의 꿈 모두 알겠느냐

이토 / 외무대신 / 관료들

우리는 간다 생각은 하나뿐
광활한 만주를 우리 일본의 손에

이토

(레시타티브) 난 꿈이 있었다. 평생을 기다려 온 큰 꿈.
아시아는 낙후되었다. 아시아는 위태롭다.
막강한 일본을 만들어 이 아시아를 통일하는 것!

그것이 나의 꿈, 대동아공영!
그것이 우리의 꿈, 대동아공영!

이토의 노래가 끝나자, 관료들과 군인들의 환호성을 지르고 출정식의 분위기는 점점 고조된다.

이제 일본 관료들이 이토의 옆에서 기념사진을 찍고 (펑-) 사진 찍는 소리와 함께 이토의 차가 연단 아래에 도착한다. 이토가 연단을 내려오면 이토에게 인사하는 설희.

외무대신	(설희가 맘에 들지 않는 눈치다) 각하, 저 아이는..
이토	함께 떠날 예정이네.
외무대신	하지만 조센징이 아닙니까?
이토	아니! 저 아이는 조센징이 아니라 내 친구일 뿐이네.

주인 게이샤	나미다, 그곳의 공기는 습하고 기운은 차가우니 멀고 긴 여행길에 네가 잘 보필하거라.
설희	하이!

이토	(다가오는 설희에게 손을 내밀며) 친구와 함께라서 그런가? 소풍 가는 어린아이같이 왠지 마음이 설레는군.
설희	지금 각하께서 들고 계신 그 지팡이만큼 제가 이번 여행에 꼭 필요한 동반자가 되었으면 합니다.

설희의 대답에 만족한 이토가 설희를 데리고 차에 오르면 (외무대신 따라 타고) 함께 출발한다.

관료들은 멀어지는 차를 바라보면서 끝까지 예를 갖춘다. 마지막 행진

이 극에 달한다.

관료들 / 군인들

흰 바탕에 붉게 물든 원 / 일본의 상징이여

순결한 마음에 붉은 피 / 일본의 깃- 발이여

욱일승천 빛나는 이 영광 / 천황의 마음이여

선택받은 황국의 신민 / 천황을 받들어라

3장.   1909년 10월 22일
                                        : 하얼빈

호루라기 소리와 총소리, 기차 소리와 함께 밤이 된 하얼빈역 앞.

M16. 〈추격 2〉 – 와다

기모노를 입은 여인들이 일장기를 흔들며 지나가고 그 사이로 중국인
으로 변장한 최재형, 유동하가 모습을 드러낸다.

유동하   이제 며칠 뒤면.. 이곳 하얼빈도 온통 일장기 천지가 되
                겠군요.
최재형   마치 자기들 세상이 된 듯 환호하겠지.

안중근 등장해 두 사람에게 인사하며 다가선다.

안중근   선생님, 신분증이 없으면 하얼빈역에 들어갈 수 없습

니다.

무슨 일이 있더라도 신분증을 손에 넣어야만 합니다.

최재형   걱정하지 말게. 신분증을 구해 올 사람이 있으니. 젊었을 때 러시아 군대에서 함께 일한 친구인데, 러·일 전쟁에 진 게 원통하고 억울한 러시아인이거든. 곧 신분증을 손에 넣을 수 있을 테니.. 너무 심려 말게나.

이때, 모자를 깊이 눌러 쓴 러시아인이 나타나 최재형에게 신호를 보내면...

유동하   선생님!
최재형   여기서 잠시 기다리게.

최재형이 러시아인 쪽으로 다가가 이야기를 나누다 사라지면 반대편에서 독립군이 달려 나온다.

독립군   형님! 피하셔야 합니다!

수상한 공기를 감지한 안중근이 급하게...

안중근   동하야, 피해!
유동하   선생님은요!
안중근   어서!

유동하, 반대쪽으로 몸을 피하면 안중근도 사라진다.
급한 발소리와 함께 하얼빈 거리를 점령한 와다와 부하들.

와다

샅샅이 뒤져라. 예외는 없다

남녀노소 의심 가는 자, 무조건 수색해

무조건 의심해. 모두 다 잡아라

일본군, 안중근을 찾아 거리의 모든 사람을 수색한다.
무대 잠시 조용해지고 상황 정리되면 한편에 최재형과 안중근이 접선한다.

최재형	중근! (안중근에게 총 한 자루를 건넨다)
	브라우닝 권총이고 총알은 일곱 발 장전되어 있네.
안중근	감사합니다, 선생님. 정말 감사합니다.
최재형	하지만 신분증을 구하지 못했어. 미안하게 됐네.
	일본의 감시에 그 친구도 어쩔 수 없었던 모양이야.
안중근	걱정하지 마십시오. 하얼빈 역사로 들어갈 다른 방법을 찾아보겠습니다.
최재형	중근... 내가 도울 수 있는 일은 여기까지인 것 같아.
안중근	감사합니다. 이제 모든 건 하늘의 뜻에 맡겨야겠죠.

안중근, 모자를 눌러쓴 채 퇴장하려 한다.

| 최재형 | (안중근을 다시 불러 세우며) 중근, 몸조심하게나. |
| 안중근 | 하얼빈역에서 뵙겠습니다. |

안중근이 몸을 돌려 퇴장한다. 인파 속으로 걸어가는 안중근을 바라보고 있는 최재형.
최재형 퇴장하면, 와다와 일본군이 나타나 다시 수색을 시작한다.

와다

조센징 안중근 널 찾아 여기까지 왔다
결코 도망칠 순 없다. 이제는
내가 널 잡는 것은
나의 운명, 나의 본분
결코 물러설 순 없다. 이 순간

일본 경찰들이 사라지고 링링 등장.
안중근을 찾아 헤매던 링링이 안중근의 뒷모습을 보고 불러 세운다.

| 링링 | 선생님! |
| 안중근 | 링링! |

링링이 다가와 신분증을 건넨다. 안중근이 링링이 건넨 신분증을 본다.

| 링링 | 오빠의 신분증이에요. 이거면 무사히 검문을 통과할 수 |
| | 있을 거예요. 꼭 거사에 성공해서 수많은 투사들과 오빠 |

	의 죽음이 헛되지 않게 해주세요. 그러면 충분해요.
안중근	(신분증을 보며) 왕웨이, 결국 자네가 나와 끝까지 함께 하는군.
	링링.. 고맙다. 정말 고마워. 몸조심해야 한다.
링링	선생님도 몸조심하세요.

와다가 나타나 안중근에게 총을 겨누는데,

와다	안중근!

링링이 이를 먼저 발견하고 와다가 총을 쏘려는 찰나, 링링이 몸을 돌려 총알을 막는다.
(탕!) 총성과 동시에…

링링	안 돼!

와다의 총알을 몸으로 막아낸 링링이 쓰러지고 또 한 발의 총소리(탕!)에 쓰러지는 와다. 안중근, 뒤돌아보면 유동하가 손 떨림을 주체할 수 없는 듯 몸까지 떨며 아직 어린 나이임을 온몸으로 증명하고 서있다. 와다가 쓰러지면, 이와 동시에 링링도 종이짝처럼 스르르 안중근의 몸을 타고 흘러내린다.

안중근	링링!
링링	선생님, 저 괜찮아요. 할 말 있어요.

최재형은 와다의 죽음을 확인하고 유동하와 함께 시신을 수습한다. 링링은 안중근의 품에서 고통스러운 숨을 몰아쉰다.

M17. 〈사랑이라 믿어도 될까요?〉 – 링링 / 유동하

링링   선생님, 제 머리 헝클어졌죠?

링링

겨울 눈 내리듯 어둔 밤 밝히듯
꽃향기 날리듯 내 맘에 찾아온 사랑

온몸이 떨려 눈물이 날려
말하면 사라질까 봐
꿈같이 사라질까 봐
숨겨온 당신은 나의 첫사랑

심장이 두근거렸죠
숨이 멎을 것 같았죠
눈물이 흘렀지만 아무도 몰랐죠 나의 맘

나 그대 떠나는 지금 내가 슬피 우는 건
사랑이라 믿어도 될까요

울지 마요 이제

슬퍼 마요 이젠

나를 봐요

웃어 봐요

나는 행복해요

그렇게 링링은 안중근의 품에서 평안히 눈을 감는다.

유동하

심장이 두근거렸지

숨이 멎을 것 같았지

눈물이 흘렀지만 너는 몰랐지, 이런 내 맘

네가 날 떠나는 지금 내가 슬피 우는 건

사랑이라 믿어도 좋을까

이제 편히 쉬어

슬퍼하지 말고

내가 너를 기억할게

멀리 성당의 종소리 은은하게 들려오면 천천히 미명이 밝아온다.

안중근	동하야.. 뒷일을 부탁한다.
유동하	끝까지 함께하지 못해 송구스럽습니다, 선생님.

안중근이 왕웨이의 모자를 다시 가다듬어 쓰고 나가면 성당 종소리와

기차 달리는 소리 들려오며 무대 전환된다.

4장. 3장의 연속

채가구역. 대합실. 조도선과 우덕순이 잔뜩 긴장한 상태로 사방을 살핀다.

조도선 (우덕순의 총 든 손을 잡으며) 손을 떨지 마시오.

우덕순 누가유? 지가유? 떨긴 누가 떨었다고 그래유.

조도선, 총을 들어 겨누는데, 손이 떨린다.

우덕순 얼렐레? 손을 떠는 사람은 따로 있었구먼?

조도선 근데, 이 사람이!

큰 소리를 내고는 주위를 경계한다.

조도선 손을 떨지 마시오. 말도 걸지 마시오. 아무것도!

우덕순, 눈치 보다가 조용하게 아리랑을 부르는데..

M18. 〈아리랑〉 – 우덕순 / 조도선

우덕순
아리랑 아리랑 아라리요

조도선   지금 뭐 하는 거요?

우덕순   손도 떨지 마라.. 말도 하지 마라.. 노래도 하지 마라..
            (조도선 얼굴이 험악해지자) 알았어요. 알았다고요. 도대
            체 뭐가 맞아야 일을 같이하지.

잠시 침묵. 눈치 보던 우덕순이 조용히 자리에서 일어나 반항하듯 무반
주에 노래 없이 덩실덩실 춤사위를 날린다.

조도선   지금 뭐 하는 거요?

우덕순   춤춰요. 왜요!

조도선   아니, 이 사람이! 꼴값을 떨어도 유분수지? 아리랑에다
            춤까지...

우덕순   우리 고향에서는 긴장하면 아리랑도 부르고 춤도 추고
            그러면서 긴장도 풀고 그래유. 대체 사람이 풍류를 몰라
            요, 풍류를...

조도선   풍류.

우덕순   그래요, 풍류! 풍류, 풍류, 풍류! 귀가 막혔슈!

조도선   그깟 풍류가 잃어버린 나라를 구해준간?!

잠시 침묵.

우덕순   들어봐요. 이 아리랑이라는 게 참 희한해요. 다 같이 아
                리랑을 부르는데 지역마다 달라요. 지역마다 다른 것도
                모자라 마을마다 다르고, 집마다 다르고, 저마다 처한
                상황마다 다르다 이 말입니다.
조도선   각자의 사연이 다르듯 말이오?
우덕순   그렇죠. (기분이 좋다) 아... 이제 좀 말이 통하네. 그런데
                이 아리랑이 지역마다 다르고, 집집마다 다르고, 제멋대
                로 부르는데도, 분명한 건 전부 다~ 같은 조선의 아리랑
                이다, 이겁니다. 한번 보실래요?
조도선   그만두시오.

우덕순의 장단 소리에 놀란 조도선이 바닥에 누워 엎드려싸 자세를 취
한다.

우덕순   지금 뭐 하는 거예요? 내가 못 본 척해줄 테니 얼렁 일
                나유. 사람이 바닥에 엎어져서 뭐 하는 거에유, 쪽팔리
                게. 아무도 없슈.

                          우덕순
                아리아리랑 스리쓰리랑 아라리가 났네

아리랑 으으으으 아라리가 났네

쥐도적!

큰 소리에 조도선이 화를 내고, 두 사람 다시 주위를 경계한다.

우덕순

이토를 잡으러 왔다

쥐덫에 걸려들기만 기다린다네

(우덕순이 노래를 부르라는 듯 눈짓으로 조도선을 독촉한다)

아리아리랑 스리쓰리랑 아라리가 났네

아리랑 으으으으 아라리가 났네

조도선

러시아 아내는 나를 말리다가

욕하며 도망갔다네 내가 홀아비라니

우덕순 / 조도선

아리아리랑 스리쓰리랑 아라리가 났네

아리랑 으으으으 아라리가 났네

그렇게 두 사람이 노래를 부른다. 조도선도 장단에 자신도 모르게 녹아들어 춤을 춘다.

조도선   아니 이 사람이 놀려면 제대로 놀아야지. 잘 보라우!

우덕순 / 조도선

아리아리랑 스리쓰리랑 아라리가 났네

아리랑 으으으으 아라리가 났네

열차는 시간을 달려 채가구로 온다

쥐도적 덫을 놨으니 잡히기만 하거라

아리아리랑 스리쓰리랑 아라리가 났네

아리랑–

기차 소리 들려오면 부르던 노래를 멈추고 총을 점검한다. 긴장감 커지는데...

조도선   특급열차 다섯 번째 칸

우덕순   다섯 번째 칸! 하나, 둘, 셋, 넷...

네 칸짜리 열차가 그냥 지나간다. 두 사람, 어리둥절한데...

우덕순   뭐여? 네 칸밖에 없는디?

이때, 러시아 군인 두 명이 총을 들고 대합실로 들어온다.

러시아군   (러시아어) 루키 비에르. 루키 비에르!

우덕순   근데 쟤들이 뭐라는 거야?

조도선   손을 들라는 얘기지.

두 사람 머뭇거리다가 함께 손을 든다.

우덕순/조도선   대한독립 만세!

무대가 전환되며 기차 소리가 커지다가 조명과 함께 더욱 소리 커지며...

5장.

거사 전날

고급스러운 소재들로 마감된 이토의 특별열차 객실이다.
기차 달리는 소리와 함께 창밖을 바라보고 선 이토의 표정이 착잡하다.

이토   저기가 다섯 달이나 싸움을 계속했다는 여순의 203고
              지야. 일본 청년들의 영혼이 잠들어 있는 산.

설희   편히 앉아 차 한 잔 드십시오.

이토   아직도 공기에는 그날의 함성이 남아있고 땅에는 뜨거
              운 그들의 혈흔이 남아 그림이 되었는데, 내가 어찌 자
              리에 앉아 유유자적 차를 마실 수 있겠나.

설희   너무 상심하시면 몸에 해롭습니다.

이토   늦었으니 차는 두고, 너도 들어가서 쉬어라.

설희는 말없이 일어나 인사를 하고 나가고, 이토는 여전히 감상에 젖어
있다.

(시간 경과) 이제 밤이 되고, 칠흑 같은 어둠 속을 열차가 달린다.

이토의 특별 객실로 들어온 설희. 이토 옆에 아무도 없는 것을 확인한 설희는 이토의 양복 왼쪽 윗주머니에 흰색 손수건(행커치프)을 꽂는다. 그리고 자기 머리에서 비녀를 뽑아 들고 이토에게 다가가는데...

설희   (기도하듯) 제가 실패하더라도 누군가는 거사에 성공할 수 있기를...

                황후여 살피소서. 하늘이여 도우소서.

설희가 이토의 가슴을 향해 비녀를 내리치려 하는데...

이토가 몸을 피해 일어나 설희를 제압하고 그녀의 머리에 총을 겨눈다.

이토   나미다. 네가 조선인의 한을 품고 있다는 것은 내가 진작 알았다.

                그 정도를 알아차리지 못했다면 난 이미 이 세상 사람이 아니었을 거야.

                (설희는 죽음을 예견한 듯 눈을 감는데.. 이토는 총을 거둔다)

                나가봐. 내일 아침이 오면 다시 생각하지. 널 하얼빈에 두고 갈지, 아닐지는...

                울지 마라. 눈물은 너에게 어울리지 않으니, 나미다.

설희   (눈물을 급히 훔치며) 눈물이 없으면 영혼도 없는 법이라 했습니다.

설희가 문밖으로 나간다.

M19. 〈내 마음 왜 이럴까〉 – 설희

바람이 거칠게 불어오는 기차 난간에 선다. 기적 소리 들려오고.. 밝은 달이 떠오르면..

설희   황후마마... 더 중한 사람으로 쓰이지 못해 죄송할 따름
            입니다.
            이제 마마께서 절 거두어 주십시오.

설희

몸부림치며 애써도

떨쳐내려 애써봐도

더욱 모질게 다가오는

세상과의 슬픈 인연

이 애달픈 심정 눈물이 흐르네

내가 할 수 있는 오직 한 가지

세상과의 슬픈 인연

서글픈 이 내 마음

돌아갈 수 없는 죽음의 문턱 앞에서

기울어 가는 마음처럼 가여워지는 내 운명

살아가지 못할 가혹한 운명

내 마음 왜 이리 약해질까
이러면 안 되는데
몸부림치며 떨쳐내려 애써봐도

아- 나의 운명
더욱 모질게 다가오는
세상과의 이 가혹한 인연을 끊을 시간이

만약 신이 계신다면
나 다시 태어나도 조선의 딸이기를
빌고 빌어 기도해

기울어 가는 마음처럼 가여워지는 내 운명
내가 할 수 있는 오직 한 가지
아쉬운 세상과의 이별
아-

설희가 기차 밖으로 몸을 던지면 하얀 눈 꽃송이도 설희의 죽음과 함께 쏟아져 내린다.
기적 소리, 기차 바퀴 소리 커지면 외무대신이 유일하게 그녀의 죽음을 목격하는데...

외무대신	(놀라 이토의 특별 객실로 뛰어 들어오며) 각하! 각하!
이토	(몸을 세워 단정히 하며) 이미 다 알고 있으니 소란 떨 필요 없어.
외무대신	아, 예..
이토	(냉정하고 침착하게) 하얼빈에는 언제 도착하지?
외무대신	모레 오전 9시입니다만..
	괜찮으시다면 안전을 위해 채가구역은 서지 않고 달리겠습니다.
이토	하얼빈은 안전하겠나?
외무대신	철통으로 수비하고 경계하라 일락해 놨습니다.
이토	다행이군. 나가보게. (외무대신 퇴장)

이토가 씁쓸한 표정으로 창밖을 바라보면 흰 눈이 내리고 있다.

이토	나미다! 넌 진정 조국을 향한 충성을 아는 여자구나.
	너처럼 용기와 지혜를 가진 여성이 일본인이었다면 좋았을 텐데...

기적 소리와 함께 설희가 챙겨놓은 이토 양복의 흰색 행커치프가 마지막까지 보이며 암전.

스테인드글라스가 아름다운 성당. 종소리 들리면 안중근이 무릎을 꿇고 기도를 올리고 있다.

M20. 〈십자가 앞에서〉 – 안중근

안중근   저 도마 안중근, 두렵습니다. 바보처럼 이제 와서 두려
               워집니다.

안중근
주여 제가 여기에 앉아
무릎 꿇고 기도합니다
모든 것 당신의 뜻 믿고 따라갑니다

다가올 시련 당신 믿고

두려움도 다 떨쳐내리
떨리는 제 두 손을
천주여 부디 꼭 잡아주소서

나 만약 성공한다면
주여 허락하소서
그를 위해 평화 위해
기도할 짧은 순간을 허락하소서

남겨질 불쌍한 나의 가족
가슴에 나를 묻을 어머니
그들 기억 속에서 부디 제가 잊혀지게 하소서

나 십자가 여기 새기며 기도합니다 천주여
마지막 순간 거둬주소서
제게 안식을 주소서

용기도 용서도 모두 다 주님 뜻을 따르리

안중근이 자리에서 일어나 성당을 나와 하얼빈역으로 담담히 걸어가는
모습에서…

7장

1909년 10월 26일
: 거사일 아침 9시

성당의 종소리가 멀어지면 기차 소리 가까워지며 무대는 하얼빈역의 플랫폼으로 변한다.
자막과 함께 축제의 노래가 시작되면 음악과 함께 일장기를 든 환영 인파 몰려든다.

M21. 〈축제 음악 BGM〉

안중근의 모습이 인파들 속에 보인다. 안중근의 마지막을 기억할 최재형과 유동하도 폭죽을 터트리는 중국 사람들과 일장기를 흔드는 일본인들 사이로 사라진다. 이제 하얼빈역은 웅장한 러시아 관현악단의 음악으로 축제 분위기가 고조되고, 사람들의 함성도 점점 커진다.
러시아 군인들과 일본 군인들이 정신없이 몰려드는 환영 인파를 통제하는 사이,

안중근   이토, 당신의 헛된 꿈은 이제 끝났소.

그리고 고향으로 돌아가고픈 내 꿈도 이제 끝이오.

기차가 증기를 뿜으며 플랫폼에 들어온다. 계단을 내려오는 이토를 응시하며 군중들 사이에서 모습을 드러내는 안중근. 이토가 플랫폼에 얼굴을 나타내면 안중근이 총을 뽑아 이토에게 겨눈다. 세 발의 총성과 함께 무대 암전.
어둠 속에서 네 발의 총성과 안중근의 만세 소리가 사람들의 비명 소리와 혼란스러운 배경음을 뚫고, 크고 명확하게 들린다.

안중근   (목소리만) 대한독립만세! 대한독립만세! 대한독립만세!

8장

7장의 연속

: 거사 후

어둠 속, 타자기와 취조 소리가 울려 퍼진다. 막에 기록문처럼 글자가 새겨진다.

검사	대련관구 여순 형무소 제3사 9호 방, 수감번호 26. 안중근. 나이는?
안중근	서른한 살.
검사	출신지는?
안중근	대한제국 황해도 해주.
검사	직업은?
안중근	대한제국 의병군 참모중장.
검사	이토를 죽인 목적은 무엇인가?
안중근	나의 목적은 한국의 독립과 동양 평화다.
	이 사건으로 일본 국민과 세계 각국은 일본의 야욕과 우리 민족의 뜻을 알게 됐을 것이다.

검사	피고 안중근, 이토 히로부미 살인죄.
	이 심리를 일본 관동대법원으로 결정하는 바이다.
안중근	나는 일본 재판소에서 재판받을 의무가 없다.
	나는 의병군 참모중장으로 독립전쟁을 하는 중이며 그 일환으로 이토를 죽였다. 따라서 나는 형사범이 아니라 전쟁포로다.

자막 사라지고, 무대 열리면 여순 관동대법원 재판장이 된다.

판사	(총소리처럼 판사의 의사봉 소리 들리면) 조용! 조용!

(effect) 판사봉 치는 소리.

판사	피고 안중근. 마지막 변론의 기회를 주겠다.

자리에서 일어난 안중근은 무언가를 골똘히 생각한다.

안중근	우선, 이토를 살해한 것을 하느님의 이름으로 사죄드립니다.

안중근의 말에 재판장의 사람들과 거사 3인(우덕순, 조도선, 유동하)은 술렁인다.

안중근	하지만 대한제국 의병 참모중장으로서

M22. 〈누가 죄인인가〉 – 안중근 / 우덕순 / 조도선 / 유동하 / 기자들 / 방청객들

안중근   이토 히로부미를 살해한 이유를 밝히고 싶소. 그 이유는
            바로...

안중근
대한의 국모 명성황후를 시해한 죄,
대한의 황제를 폭력으로 폐위시킨 죄,
을사늑약과 정미늑약을 강제로 체결케 한 죄,
무고한 대한의 사람들을 대량 학살한 죄,

기자들 / 방청객들
누가 죄인인가? 누가 죄인인가?

안중근
조선의 토지와 광산과 산림을 빼앗은 죄,
제일은행권 화폐를 강제로 사용하게 한 죄,
보호를 핑계로 대한의 군대를 강제 무장 해제시킨 죄,
교과서를 빼앗아 불태우고 교육을 방해한 죄,

판사   안중근, 우덕순, 조도선, 유동하.
            위의 4인에 대하여 본 법원은 모든 심리를 마치고 다음
            과 같이 판결한다.

피고 우덕순! (우덕순 일어나자) 징역 3년에 처한다.

기자들 / 방청객들
누가 죄인인가? 누가 죄인인가?

안중근
한국인들의 외교권을 빼앗고 유학을 금지한 죄,
신문사를 강제로 철폐하고 언론을 장악한 죄,
대한의 사법권을 동의 없이 강제로 장악 유린한 죄,
정권을 폭력으로 찬탈하고 대한의 독립을 파괴한 죄,

기자들 / 방청객들
누가 죄인인가? 누가 죄인인가?

판사　　　　피고 조도선, 피고 유동하 각각 징역 1년 6개월에 처한
　　　　　　다!

기자들 / 방청객들
누가 죄인인가? 누가 죄인인가?

안중근
대한제국이 일본인의 보호를 받고자 원한다며
세계에 뻔뻔스런 거짓말을 퍼트리며 세계인을 농락한 죄
현재 대한이 태평무사한 것처럼 천황을 속이고

밖으로는 세계 사람들을 모두 속인 죄
동양의 평화를 철저히 파괴한 천인공노의 죄 때문이다!

기자들 / 방청객들

누가 죄인인가? 누가 죄인인가?
누가 죄인인가? 누가 죄인인가?

판사　　　　피고 안중근! 피고 안중근은 사형에 처한다.

(effect) 판사봉 소리.

안중근

(레시타티브) 모두 똑똑히 보시오!
조선의 국모, 명성황후를 살해한 미우라는 무죄,
이토를 쏴 죽인 나는 사형!
대체 일본법은 왜 이리 엉망이란 말입니까!

한 나라의 국민으로 태어나 조국을 위해 죽는 것
이것이 참된 영광이니 나 기꺼이 받아들이나
여기 계신 모든 분들 저들의 거짓과 야욕에 속지 마시고
그들의 위선과 우리의 진실을 세계에 알려주시오!

기자들 / 방청객들

누가 죄인인가? 누가 죄인인가?

안중근 / 우덕순 / 조도선 / 유동하

나라를 위해 싸운 우리

과연 누가 죄인인가

우리를 벌할 자 누구인가

우리들은 움직였다

안중근 / 유동하

나라를 위해 싸운 우리

과연 누가 죄인인가

우리를 벌할 자 누구인가

우리들은 용감했다

우덕순 / 조도선

우리는 뭉쳤다

조국과 민족을 위하여

우린 할 일을 했을 뿐

물러설 순 없다

기자들 / 방청객들

나라 위해 싸운 이들 벌할 자 누구인가

과연 누가 죄인인가 벌할 자 누구인가

안중근

나라를 위해 싸운 우리

과연 누가 죄인인가
우리를 벌할 자 누구인가
우리들은 용감했다

조도선
우린
아냐
죄인
아냐

유동하
우리는
싸웠다
벌할 자
누군가

우덕순
우리는 뭉쳤다
조국과 민족을 위하여
우린 할 일을 했을 뿐
물러설 순 없다

코러스
그들은 싸웠다

벌할 자 누군가

전체

나라 위해 싸운 이들 벌할 자 누구인가

과연 누가 죄인인가 벌할 자 누구인가

나라 잃을 고통 알까

나라 잃은 고통 알까

외국인 기자들은 앞다투어 안중근에게 사진기 플래시를 터트리고 재판장은 들썩인다.

기자들 / 방청객들

아―

누가 죄인인가? 누가 죄인인가?

아―

아― 누가 죄인인가?

안중근

누가 죄인인가!

9장

1910년 3월 26일, 사형집행 약 두 시간 전
: 여순 형무소(교도소)

무대는 안중근의 독방.

안중근은 창가로 들어오는 여명을 받으며 뭔가를 쓰고 있다.

감옥 문 열리는 철창 소리와 함께 간수 치바가 들어온다.

치바　　　　무엇을 하십니까?

안중근　　　내가 생각하는 동양 평화에 대해 쓰고 있습니다.

치바　　　　동양 평화, 대체 그것이 무엇이기에 마지막까지 붓을 놓지 않으십니까?

안중근　　　우리와 중국, 일본이 서로 대등한 국가로서 서로를 존중하는 것입니다.

치바　　　　어떻게 말입니까?

안중근　　　당신은 자식이 있습니까?

치바　　　　(그의 질문이 의아하다는 듯) 어린 딸이 하나 있긴 합니다만...

M23. 〈동양 평화〉 - 안중근 / 치바

안중근   난 두 주먹을 불끈 쥐고 한 손으로 이토를 쐈지만,
                   내 아들들의 두 손은 기도하는 손으로 모아지길 바라오.
                   그 마음이 바로 동양 평화요.

안중근
낮을 밝힌 저 태양이 달에게 자릴 내주듯
밤을 지킨 달이 다시 자릴 양보하듯

꽃이 지면 그 자리에 열매가 맺히듯
자연의 섭리 그대로 어울려 사는 것

서로서로 인정하며 평화롭게 사는 것
서로 자리를 지키며 조화롭게 사는 것

그게 바로 동양 평화 모두가 더불어 사는 지혜
작은 평화 큰 평화가 어찌 다를 수 있겠는가

치바
오손도손 둘러앉아서 소소한 일상
서로 얘기할 수만 있다면 그것이 바로 평화

안중근 / 치바

서로서로 인정하며 평화롭게 사는 것
서로 자리를 지키며 조화롭게 사는 것

치바
평화롭게 사는 것

안중근　　　내 꿈은 태어난 고향을 지키며 아름답게 늙어가는 거였
　　　　　　습니다.
　　　　　　결국, 이제는 이룰 수 없는 꿈이 되어버렸지만..

치바　　　　전 치바 도시치입니다. 제가 비록 일본인이지만 (존경의
　　　　　　의미로 머리 숙이며) 선생님이라 불러도 되겠습니까?

치바는 작게 고개를 끄덕이는 안중근에게 담배를 꺼내 건네고 불을 붙
여준다.

안중근　　　시간이 다 되어가는 모양입니다. 불붙이는 당신의 손이
　　　　　　떨리는 걸 보니.

치바　　　　조금 있으면 형을 집행할 예정입니다.

안중근　　　제가 마지막으로 당신에게 줄 선물이 있습니다.

안중근이 치바에게 종이(두루마리)를 건넨다.

안중근　　　위국헌신군인본분 爲國獻身軍人本分.

치바　　　　나라 위해 몸 바침은 군인의 본분이라...

118

안중근	(치바에게 건네며) 그동안 진심으로 고마웠습니다.
치바	(머리 숙여) 감사합니다.
	고이 간직하여 훗날 선생님의 뜻을 전하는 데 쓰겠습니다. 그리고 이건..
	(보따리를 건네며) 선생님 어머니께서 지어 보내오신 수의입니다.
	(망연자실한 안중근에게) 제가 입혀드려도 되겠습니까?
안중근	(말없이 고개를 끄덕인다) 그래 주시면 감사하겠습니다.

지바가 최대한 예를 갖춰 인중근의 수의를 입힌다.
그사이, (저 멀리 고향에서) 조마리아가 애타는 심정을 노래한다.

M24. 〈사랑하는 내 아들, 도마〉 - 조마리아

조마리아
내 아들, 나의 사랑하는 도마야
떠나갈 시간이 왔구나
두려운 마음 달랠 길 없지만
큰 용기 내다오

내 아들, 나의 사랑하는 도마야
널 보낼 시간이 왔구나
멈추지 말고 뒤돌아보지 말고
큰 뜻을 이루렴

십자가 지고 홀로 가는 길
함께할 수 없어도
너를 위해 기도하리니 힘을 내다오

(조명에 반사되는 안중근의 하얀 수의가 눈부시게 슬프다)

천국에 네가 나를 앞서 가거든
못난 이 어밀 기나려 주럼
모자의 인연 짧고 가혹했으나
너는 영원한 내 아들

한 번만 단 한 번만이라도
너를 안아봤으면
너를 지금 이 두 팔로 안고 싶구나

어머니의 모습 사라지면, 감옥 문이 열리면서 일본 교도관들이 위압적인 태도로 안중근을 기다리고 있다. 안중근은 사형장 위로 걸어가 선다.

M25. 〈장부가〉 - 안중근

안중근

하늘에 맹세한 장부의 큰 뜻

내게 남겨진 마지막 시간

내가 걷던 이 길 끝까지 가면

이룰 수 있나 장부의 뜻

하지만 나는 왜 머뭇거리나

하느님 앞에서 무엇이 두렵나

장부이기를 맹세했는데 왜 이리 두려울까

뛰는 내 심장 소리 들리지 않을까
두려운 나의 숨소리 저들이 듣지는 않을까

하지만 두려운 마음마저 잊게 해주는
고마운 이 햇살 따뜻한 이 바람

하늘에 맹세한 장부의 큰 뜻
내게 남겨진 마지막 시간
내가 걷던 이 길 끝까지 가면
이룰 수 있나 장부의 뜻

하지만 나는 왜 머뭇거리나
하느님 앞에서 무엇이 두렵나
장부이기를 맹세했으니 두려워하지 말자

(교수대 앞으로 한 발짝씩 다가서는 안중근. 잠시 휘청거린다)

(레시타티브) 내 살갗을 파내듯 에이는 이 고통.
내 어머니 가슴을 헤집는 이 시간.
삶과 죽음이 교차하는, 오늘이 과거로 바뀌는 이 순간.
나는 무엇을 생각하나...

집행인   마지막으로 할 말 있는가?

안중근

장부가 세상에 태어나 큰 뜻을 품었으니
죽어도 그 뜻 잊지 말자
하늘에 대고 맹세해 본다

하늘이시여, 도와주소서
우리 꿈 이루도록
하늘이시여, 지켜주소서
우리 뜻 이루도록

하늘이시여, 도와주소서
우리 꿈 이루도록
하늘이시여, 지켜주소서
우리 뜻 이루도록

장부의 뜻 이루도록

점점 커지는 음악과 함께 교수대의 바닥이 열리며 안중근은 서른두 살로 생을 마감한다.
치바가 진심으로 고개 숙여 안중근에게 경의를 표한다.

자막

1945년, 한국은 일본에게 독립했지만, 안중근의 시신은 일본에 의해 철저히 유린당하여 아무도 모르는 곳에 매장되었으며 지금까지도 그 행

방이 묘연하다.

안중근, 그는 아직도 독립을 이룬 그의 조국 대한민국으로 돌아오지 못하고 있다.

M26-a. 커튼콜

M26-b. 피날레

2막 끝.

영웅의 역사

서울 공연

2009.10. ~ 2009.12.	LG아트센터
2010.12. ~ 2011.01.	국립극장 해오름극장
2011.12. ~ 2012.01.	국립극장 해오름극장
2012.01. ~ 2012.02.	예술의전당 오페라극장
2012.10. ~ 2012.11.	블루스퀘어 삼성전자홀
2014.01. ~ 2014.02.	예술의전당 오페라극장
2015.04. ~ 2015.05.	블루스퀘어 삼성전자홀
2017.01. ~ 2017.02.	세종문화회관 대극장
2019.03. ~ 2019.04.	세종문화회관 대극장
2019.07. ~ 2019.08.	예술의전당 오페라극장
2022.12. ~ 2023.02.	LG아트센터
2023.03. ~ 2023.05.	블루스퀘어 신한카드홀

해외 공연

2011.08. ~ 2011.09.   미국 뉴욕 링컨센터

2015.02.   중국 하얼빈 환구극장

지방 공연

2011 ~ 현재까지   성남, 부산, 대구, 울산, 광주, 인천 등 전국 각 지역
문예회관 및 예술의전당

수상 내역

2010 제4회 더 뮤지컬 어워즈

최우수창작뮤지컬상, 연출상, 남우주연상, 무대미술상, 조명음향상, 음
악상

2010 제16회 한국뮤지컬 대상

최우수작품상, 연출상, 남우주연상, 무대미술상, 음악상, 극본상

2012 제1회 예그린어워드

최고작품상, 재공연상, 남우주연상, 무대미술상, 무대기술상

2017 제6회 예그린뮤지컬어워드

남우주연상

영웅
'Hero'
Hero - The Musical

Music: Oh, Sang-Joon
Lyrics: Han, A-Reum
Orchestration: Peter Casey

타국의 태 양 광활한 대 지 우린 어 디 에 있 나 잊어야

하 나 잊을 수 있 나 꿈에 그 리 던 고 향 장부

가 세 상 에 태 어 나 큰 뜻 을 품 었 으 니 죽 어

#9c 영웅

#9c 영웅

이 세면만니 질끼   멀고먼고 향 너무 그리워   기적소

리 가 우리의심 장 고동치 게 하 리니   조국을

#9c 영웅

#9c 영웅

도 그 뜻 잊지 말 자   하늘에 대 고 맹세 해본다 — 하 늘이

Db   Ab   Bbm   C sus4

시 여   도와주소서 우리 뜻 이루 도록   하 늘이

Gm G   C   Eb F   Gm

#9c 영웅

시 여 지켜주소 서   우리가   반드시   그뜻

을   이룰수 있도 록

영웅: 뮤지컬 대본집

초판 1쇄 발행 2023년 4월 28일
초판 3쇄 발행 2024년 10월 18일

대본·가사 | 한아름
발행인 | 강봉자, 김은경

펴낸곳 | (주)문학수첩
주소 | 경기도 파주시 회동길 503-1(문발동 633-4) 출판문화단지
전화 | 031-955-9088(대표번호), 9530(편집부)
팩스 | 031-955-9066
등록 | 1991년 11월 27일 제16-482호

홈페이지 | www.moonhak.co.kr
블로그 | blog.naver.commoonhak91
이메일 | moonhak@moonhak.co.kr

ISBN 979-11-92776-46-0 03680

* 파본은 구매처에서 바꾸어 드립니다.